Margret Frisch-Hazod

Geträumte Bilder

Margret Frisch-Hazod

GETRÄUMTE BILDER

Traumnotizen

Mit einem Vorwort
von Miguel Herz-Kestranek

LIT

Gedruckt auf alterungsbeständigem Werkdruckpapier entsprechend
ANSI Z3948   DIN ISO 9706

Umschlagbild: Fotografie: Thomas Klingenböck
              englische Übersetzung: Mag. Michaela Girtler

Dieses Buch entstand mit freundlicher Unterstützung von Sandoz International
This book was kindly supported by Sandoz International

Bibliografische Information der Deutschen Nationalbibliothek
Die Deutsche Nationalbibliothek verzeichnet diese Publikation in der
Deutschen Nationalbibliografie; detaillierte bibliografische Daten sind
im Internet über http://dnb.d-nb.de abrufbar.

ISBN 978-3-7000-0781-4

© LIT VERLAG GmbH & Co. KG Wien 2008
Krotenthallergasse 10/8   A-1080 Wien
Tel. +43 (0) 1 / 409 56 61   Fax +43 (0) 1 / 409 56 97
e-Mail: wien@lit-verlag.at   http://www.lit-verlag.at

Auslieferung:
Medienlogistik Pichler-ÖBZ GmbH & Co KG
IZ-NÖ, Süd, Straße 1, Objekt 34, A-2355 Wiener Neudorf
Tel. +43 (0) 2236/63 535 - 290, Fax +43 (0) 2236/63 535 - 243, e-Mail: mlo@medien-logistik.at

Inhalt

Inhaltsverzeichnis	5
Vorwort	7
Preface	13
Geträumte Bilder - Traumnotizen	15

Vorwort

Nicht im Traum!

Am 24. Juli 1895 enthüllte sich auf einer Wiese am Wiener Kahlenberg dem Sigmund Freud das Geheimnis des Traumes. Zumindest liest man das auf der dort aufgestellten Tafel. Liest man aber dazu in den Traumdeutungen von Siegmund Freud – nicht im Traum würde man sich dann noch getrauen unbelastet die Nächte zu verträumen. Träume nämlich sind keineswegs Schäume, meint Freud, sondern Wuncherfüllung. Und dies belegt ihm auch das Sprichwort: Wovon träumt die Gans? Vom Kukuruz!

Und die Wunscherfüllung des Menschen? Sie kreist laut Freud meistens, wenn nicht gar immer nur um ein, um DAS Thema. Und weil sich dieses nun im Traum ganz hinterhältig meist hinter banalen Alltagsbildern versteckt, entblößte Freud schonungslos die Maskerade und heraus kam das ganze Elend des Sexus mitsamt seinem unerschöpflichen Komplikationspotential von Irrungen und Wirrungen und Bibliotheken ägyptischer Traumbüchlein waren mit einem Schlag Makulatur. Würden nun die einen schamrot werden über das, was laut Freud ihr Unterbewußtsein im Traum offenbart, würden die anderen daran verzweifeln, dass der Traum ihnen zwar endlich die Zusammenhänge ihrer geheimen Wünsche erklärt, ihnen aber gleichzeitig die Hilfe zur praktischen Umsetzung weiterhin vorenthält, was, wie man weiß, wiederum schnurstracks in die Neurose führt oder die bestehenden verstärkt – ein Teufelskreis also; und das alles wegen ein bisschen träumen…

Ich selbst bin von Traumdeutung weitgehend verschont, weil ich entweder gar nicht träume, oder nur Unspektakuläres. Nie fliege ich als buntgefiederter Urzeitrabe durch Traumwelten und erlebe interessante Rabenabenteuer, nie bin ich wer anderer, nie verschwinden mir Zeit und Raum. Meine Träume sind so konkret, dass ich sie am nächsten Tag jederzeit erleben könnte. Fliege ich einmal, dann bin ich auf der ganz realen Flucht vor meinem Bankbetreuer, der mir keinen Kredit mehr geben will. Ich renne aus meiner Bankfiliale im achten Wiener Gemeindebezirk, stolpere auf einer Stufe und fliege - unsanft auf meinen Allerwertesten. Das ist sicher auch der Grund, warum ich mich so selten an irgend etwas Geträumtes erinnern kann, und wenn ich „Einschlägiges" nach Freud träume, dann unverschlüsselt und ganz real, mit netten Verflossenen oder noch netteren Gegenwärtigen, und am Morgen weiß ich - meist erleichtert -, dass eben alles nur ein Traum gewesen ist. Bei mir also versagt Freud. Es sei denn, mein versteckter Wunsch wäre es, ein Verhältnis mit meinem Bankbetreuer anzufangen, und die drei Stufen, die zu meiner Hausbank führen, wären verschlüsselte Phallussymbole, den Ausspruch von Lars Saabye Christensen bestätigend: „Wenn wir wüßten, was wir voneinander träumen! Das wäre vielleicht was!"

Auch wenn ich Träumer nicht beneide – wenigstens im Schlaf hätte ich bitte gern meine Ruhe - habe ich doch schon einmal versucht, interessanter zu träumen, nämlich luzid. Luzides, also spielerisches Träumen soll nämlich erlernbar sein, wobei es vor allem um das so genannte Umträumen geht. Das heißt, Träume, die ausweglos auf ein fatales Ende hinsteuern, zu bezwingen, indem man sich, kurz bevor alles schief zu gehen droht, selbst zum Aufwachen zwingt, sich ein versöhnlicheres Ende überlegt, eines, mit dem man einverstanden wäre, wieder einschläft und den Traum bis zum mit sich selbst vereinbarten Happy End träumt. Diese Methode soll angeblich auch die Realität im erwünschten Maße ändern, und so habe ich es einmal durch Kaufen eines diesbezüglichen Ratgeberbuches wissen wollen. Und als dann im Traum mein Bankbetreuer gerade wieder einmal hinter mir her war und rief: „Wie soll das weitergehen? Wie stellen Sie sich das vor? Ihr Kreditrahmen ist ausgeschöpft - endgültig!" und ich gerade wieder dabei war, auf meiner Flucht über die drei Stufen zu fallen, drehte ich mich mitten im Fall um, schwebte gleichsam vor dem Aufgebrachten und lächelte sanft: „Wissen Sie überhaupt, mit wem Sie es zu tun haben?" Dabei verriet ich ihm natürlich nicht, dass ich gerade drauf und dran war, ihn durch luzides Träumen auszutricksen. Er bemerkte auch nichts, sondern erstarrte, in der elektrischen Türe stehend, und meinte devot: „Verzeiht mir, Meister! Eine Million, zinsenlos, versteht sich, auf fünfzig Jahre!" Ich schlief befriedigt weiter und warf am nächsten Tag die letzte Zahlungsaufforderung meiner Bank in den Papierkorb.

Als ich eine Woche später eine ultimative Zahlungsaufforderung mit der Androhung von Pfändung bekam, warf ich das Buch über luzides Träumen in den Papierkorb.

Aber wenn ich selbst schon zu unspekutulärem realen Träumen verurteilt bin, wer kann, wie ich, von sich sagen, dass von ihm geträumt wird, und das höchst phantasievoll? Margret „Greti" Frisch Hazod nämlich hat von mir geträumt, und das schon zweimal! Und hat diese Träume, so wie unzählige andere Träume auch, aufgezeichnet, nein, aufgemalt als kleine bunte Bilder, die meisten versehen mit hingekritzelten Inhaltserklärungen am unteren Bildrand. Und um noch einmal auf Freud zurückzukommen: Wie würde er folgenden über mich geträumten Traum erklären: Obwohl Besuch da ist, darunter der König von Jordanien, hört Milo (das bin ich) ständig schwer verständliche Tonbänder ab.

Wofür steht hier der König von Jordanien? Für sexuelle Vorlieben fürs Orientalische? Aber dann offensichtlich nur mit jemandem aus königlichem Haus, was ja wiederum selbst schon Deutungen sonderzahl geradezu herausfordert. Welche erotische Symbolik verbirgt sich hinter Tonbändern? Und noch dazu schwer verständlichen? Oder ist es am Ende der Besuch, welcher...? Oder mit welchem ich...? Und das ständig! Welch Doppelbedeutung sich übrigens allein schon aus diesem kleinen Wort herauskitzeln ließe...? Fragen über Fragen also! Die aber besser nie beantwortet werden, und schon gar nicht nach Freud, denn am Ende würden sich Gretis gemalte Träume erklären, und das wäre ernüchternd schade.

So aber träumt sie, die nun schon Jahrzehnte gekannte Freundin aus der von unseren Familien seit Generationen bewohnten Zauberbucht Brunnwinkel am Wolfgangsee und Gesinnungsgenossin nicht nur in Sachen St. Gilgner Sommerfische ihre Träume weiter, die sich erfolgreich jeglichem Deutungsversuch entziehen; Träume, die auf kleine Holztafeln gemalt eine merkwürdige Anziehungskraft besitzen, in der Art der Malerei scheinbar simpel sich offenbaren, aber je länger man sie betrachtet und die dazu gelieferten Hinweise liest, umso geheimnissvoller in Ungeklärtheit und Phantasie sich davonstehlen.

Oder gibt es eine Erklärung für den zweiten Traum, mit dem ich bedacht und bemalt wurde: Ich schließe mich in St. Gilgen Läufern an. Ein Japaner und ein Neger sind dabei. Wir kommen an Milos Haus vorbei. Wir sehen ein Loch im Dach, schauen hinein und erkennen, dass dieses Loch die Fassung einer Quelle ist. Gestartet wird in Brunnwinkel, und mein Mann Herwig ist auch dabei.

„Meine ganz persönliche Einstellung dazu kennst Du" schreibt Greti mir einmal, „Wenn ich glaubte, daß auch nur ein Traum sicher gedeutet werden könnte, daß wir diese Kunst beherrschten, würde ich diese Bilder nicht zeigen. Nur die ruhige Gewissheit, daß es unmöglich ist, als Außenstehender den Traum eines anderen vollends zu entschlüsseln, läßt mich die Bilder öffentlich zeigen. Was mich an Träumen so reizt, ist die lakonische, achselzuckende Hinnahme auch skurrilster Inhalte oder Zusammenhänge. Das kommt meiner Art von Humor entgegen…"

Nun erscheint es mir ja neben dem Träumen selbst schon überaus merkwürdig, sich an Träume so genau zu erinnern – nicht im Traum ist mir das jemals gelungen –, aber diese Traumerinnerungen nicht etwa aufzuschreiben, sondern aufzumalen, das hat selbst schon wieder traumhafte Dimensionen. Und eine Generation von Surrealisten hätte ihr phantastisches Auskommen gefunden allein mit den folgenden drei Träumen, die stellvertretend für die vielen anderen gemalten Traumbilder von Greti Frisch noch hierher gesetzt seien:

Wir sehen einen Riesenvogel, zuerst auf einem Baum sitzend. Beim Stehen schlagen seine Schwanzfedern ein schütteres Rad. Als er auffliegt rufe ich: „Er schaut aus wie eine fliegende Kuh!" Jemand sagt, es handelt sich hier um einen Drewer oder Drewman, Druer ausgesprochen.

Was nun, Herr Freud? Oder wie wärs mit:

Ich bin in einem Krankenhaus zu Besuch. Eine Freundin hat Herzbeschwerden. Ich laufe zu einer Schwester. Die erste Schwester verweist mich an einen Pater, der in einem Keller unterrichtet und den ich nur erreichen kann, indem ich durch einen engen Schacht klettere. Eine weitere Schwester bitte ich um Tabletten für meine Freundin. Plötzlich steht ein Mädchen vor mir, das keine normalen Pupillen hat, sondern zwei senkrechte, schwarze Schlitze. Das Mädchen sagt, morgen werde die Freundin tot sein oder nicht, gleichgültig ob ich jetzt Tabletten hole oder nicht. Ich erkläre dem Kind, dass man dennoch immer versuchen sollte, zu helfen. Das sei eben richtig. Dabei schaue ich fasziniert in die Augen des Mädchens.

Ja, hier beginnt die Phantasie von Küchenpsychologen zu arbeiten. „Ganz klar! Eindeutig!", höre ich sie ausrufen, und nun folgt Erklärung auf Erklärung. Aber in Wahrheit bleibt die so genannte Wahrheit hinter dem Traum allen verschlossen, auch der Träumerin selbst. Und wenn auch der folgende Traum mit dem Wolfgangsee-Sommersport Segeln ganz real beginnt, schon die riesige Welle macht einen Strich durch die: „Na, ist doch ganz klar – Rechnung."

Ich komme beim Segeln in eine riesige Welle. Ich bin am Steuer. Ich rufe allen zu, sich anzuhalten. Wir kentern durch und landen in einer anderen Welt. Da ist ein Haus mit einem Wasserbecken im Innenhof. Ich gehe herum und begegne in einem Zimmer einem Gnom, der umso lebendiger wird, je mehr man ihn angreift. Ich stoße ihn bei einer Türe hinaus und bin ihn los.

Und doch: Die Wahrnehmung von Träumen, so meint die Hirnforschung, findet angeblich in der selben Hirnregion statt, wie die Wahrnehmung von Realität. Und bei Greti besteht für mich kein Zweifel an der Richtigkeit dieser Theorie. Ihre unangepasste Lebensklugheit, mit der sie manchmal gänzlich unerwartet auf Alltagssituationen reagiert, macht mich oft im selben Maße staunen, wie es anderen übers Ziel schießende Agressionen auslöst. Wahrscheinlich ist es Neid, denn wer hat schon für das Problem der vielen Gnome, die uns das Leben schwer machen und die umso lebendiger werden, je mehr man sie angreift, die Patentlösung parat: Ich stoße sie bei einer Türe hinaus und bin sie los? So einfach ist das eben. Aber nicht nur im Traum, sondern auch im Leben. Und wer die Traummalerin einmal besser kennt, die ihren Persönlichkeitsbogen weit spannt vom einen Ende einer fast biedermayerlichen Bürgerlichkeit bis zum anderen einer oft spontanen Unkonventionalität, der hat bald erkannt, ihre Träume kommen nicht von ungefähr, sie sind geträumte Realitäten einer Persönlichkeit, die sich der Deutung genauso entzieht wie ihre Träume. Familie und Freunde, Mythos und Wahrheit, das gelebte Leben und ein vielleicht erträumtes, Moral und ihr Gegenteil, These und Antithese, Welt und Gegenwelt verdichten sich beinahe logisch zu naiv gemalten Bildern, die uns jegliche profane Erklärungen vorenthalten und aus denen wir ebenso nicht erfahren, ob so naiv sie auch geträumt wurden.

So sind auch wir als Betrachter aufgefordert, zu überprüfen, wie weit es her ist mit unserer lakonische, achselzuckende Hinnahme auch skurrilster Inhalte oder Zusammenhänge und mit unserem Humor. Und das ist es, was die Bilder so sympathisch macht, was unser Interesse weckt, uns selbst zu träumenden Beobachtern werden lässt, die sich dabei ertappen, ihre eigenen Träume an den gemalten zu messen.

Und wenn der Schauspieler Alberto Sordi sagt: „Träume sind eine Art Fernsehen im Schlaf" und wenn Friedrich Nietzsche meint: „Man träumt gar nicht, oder interessant. Man muss lernen, ebenso zu wachen, gar nicht, oder interessant", dann seien wir ermuntert, uns im Vertiefen in die Traumbilder von Greti Frisch auf etwas einzulassen, das irgendwo angesiedelt ist zwischen Daily Soap und mystischer Philospophie.

Alles andere wäre nicht im Traum angemessen.

Miguel Herz-Kestranek,
Autor und Schauspieler, St. Gilgen, im Mai 2007

Preface

On the 24. of July 1895 the secret of dreams revealed itself to Sigmund Freud on the Kahlenberg in Vienna. So we are told, at least by a plaque there. Freuds credo was: Dreams are the fulfilment of wishes,–of very secret wishes sometimes–, and the main topic is mostly the topic: the aberration of sexual life.

I, for my person, am spared by dream-interpretation in the main, because I either don't dream at all or I dream about banalities. I never fly as a primeval raven through dream worlds, I am never somebody else, time and space never disappear.

But even though I am damned to having unspectacular dreams, who can say, like me, that somebody else is dreaming of him and, what's more, in a highly imaginative way. Margret Frisch Hazod , "Greti" has dreamed of me twice already and has painted these dreams like many others –tiny coloured pictures, most of them provided with handwritten summaries.

To come back to Sigmund Freud: what would he say to the following dream about me: "In spite of some visitors –the king of Jordania is among them– Milo (that's me) permanently continues hearing–hardly audible –tape recordings." Who does the king of Jordania stand for? Middle eastern sexual preferences? But then also for the upper class, a fact that provokes interpretations without end. And which erotic symbol is hidden behind tapes? Or

is it the visit, which...? With whom I...? ...and permanently...?

Questions about questions and they are better never answered, especially not by Freud. It would be sobering and would be a pity for these paintings.

So this my –over some decades now– well known friend, living in a magic cove on the Wolfgangsee, is dreaming her dreams, which escape any attempt of interpretation. Or is there an explanation for the second painted dream about me: "I join some runners in St. Gilgen. (Wolfgangsee). A japanese and a negro are among them. We pass Milos house. We see a hole in the roof, look into it, and recognize that this hole is the setting of a spring."

„You know my personal opinion" Greti wrote to me once: "If I believed that only one dream could be interpreted, I would not show these pictures. Only my certainty that it is impossible for an outsider to decode another persons dream, let me show these pictures in public– What I like about dreams is the shrugging acceptation of oddest and most curious contents and correlations. It suits my sort of humour."

The following dream seems to start quite realistically with the Wolfgangsee sailingsport, –but then a huge wave thwarts all reality. "I am at the helm of a sailing boat. We are getting into a huge wave. We capsize and land in another world. There is a house with a waterbasin in a courtyard. I wander around and meet a gnome in a room, who gets the more lively the more you touch him. I push him out of a door and am rid of him."

The perception of dreams, so the brain research, takes place in the same region of the brain reality. In the case of Margret Frisch Hazod I don't doubt at all. Her unconformed soundness, which makes her often react quite unexpectedly to several all-day-life-situations, is always amazing to me, and sometimes sets off aggressiones in others, –May be this happens out of jealousy, because who else has a patent remedy for the problem of the many gnomes, who get the more lively the more you touch them: "I push them out of the door and am rid of them". That is how easy it is. But not only in a dream, also in life.

Whoever becomes better acquainted with the painter of these dreams, whose personality reaches from a Biedermeier Conservatism to a spontaneous unconventionality, soon recognizes that her dreams are the dreamed realities of a person, who refuses interpretation in the same way she refuses in her dreams.

Miguel Herz-Kestranek

Geträumte Bilder

-

Traumnotizen

1

Wir haben hunderte Jahre gelebt, Welten erobert, und doch wird immer irgendein Clown einen Türstock erklimmen.

We have lived for hundred of years, we have captured worlds and yet there will always be a clown climbing up a doorpost.

2

Bei den „GRENZVÄTERN" gibt es billige Haushaltswaren und bunte Knöpfe: Das Zimmer ist rauchig die Männer tragen Kaftane. Nebenan im Gastraum mit reichgeschnitzten Möbeln und Tiroler Kasten sitzt eine trinkfreudige Runde.

The "border fathers" are dealing with cheap household articles and coloured buttons. The room is full of smoke, and the men are wearing caftans.

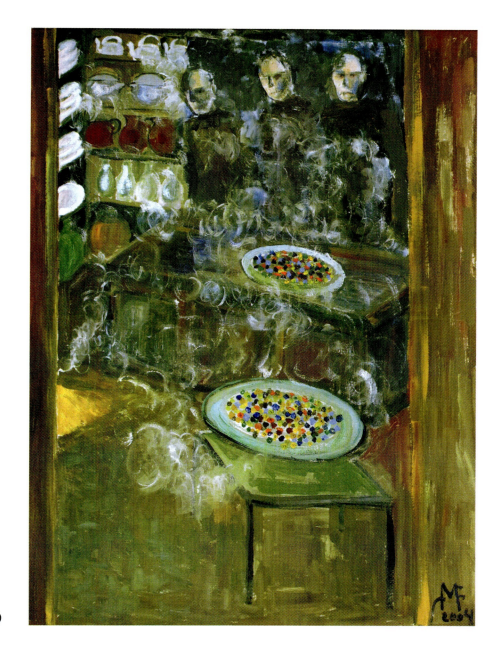

3

Ich beobachte einen Hund, der alle Anzeichen von Angst aufweist. Während ich schaue, warum er so den Schwanz einzieht, kommt ein Sturm auf, und die Spitzen der Bäume werden schwarz und drehen sich nach unten. Ich weiß, dass die Welt untergehen wird, möchte noch nach meinen Kindern rufen, lasse das aber, weil ich denke, in diesem Augenblick ist jeder alleine.

I am watching a dog who is obviously terribly frightened, tail between his legs. While I am thinking about the reason, a storm is coming up, the tops of the trees turn black and bend towards the ground. I know this is the end of the world, I think about calling my children, but then I also know: everybody is alone at that moment.

4

Ich schreie entsetzt nach meiner Mutter. Ich sehe im Spiegel, dass in meinem Auge ein Uhrzeiger ist.

I am terrified and call for my mother: I see in my mirror that there is a clockhand in my eye.

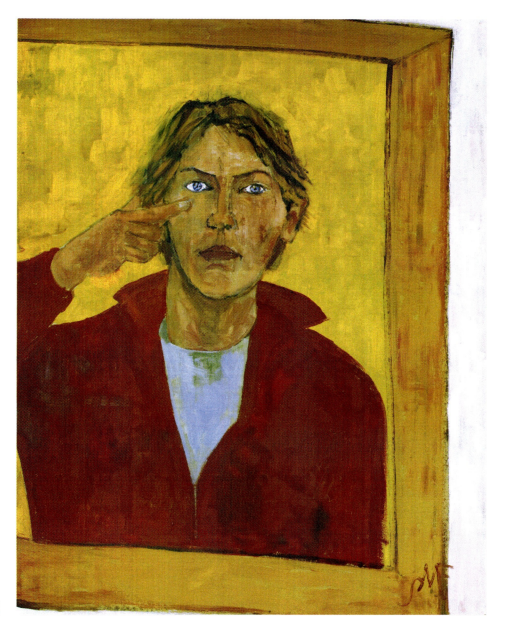

5

Mein Spiegelbild hält die Augen geschlossen und ist sehr bleich. Der Pullover ist schwarz.

My reflection has closed eyes and is very pale. The pullover is black.

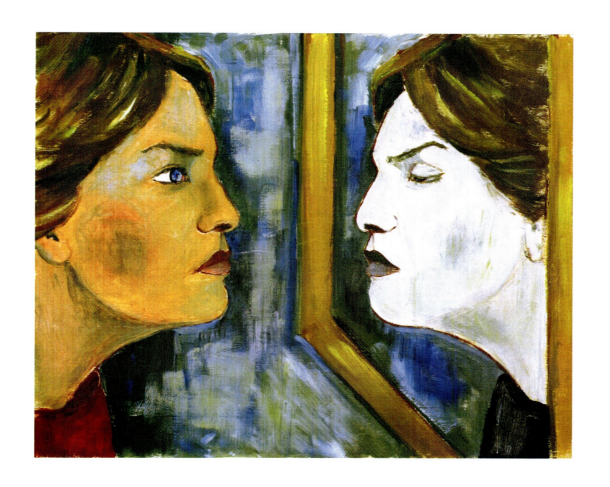

6

Ein mir fremdes Mädchen droht mir immer wieder zu entgleiten.

I am worried that a girl unknown to me will slip out of my hands.

7

Ein großes Fest. Ich sehe einen als Frau verkleideten Mann. Unter Spitzenmanschetten schauen Sakkoärmel hervor. Ein kleines Mädchen sitzt auf seinem Schoß. Ich spüre große Gefahr.

A great party: I see a man dressed up as a woman. Jacket sleeves peep out from under lacecuffs. A little girl is sitting on his knees. I am feeling great danger.

8

Ich rudere über einen Unterwasserfriedhof.

I am paddeling across an underwater-cemetary.

9

Ich beobachte am Himmel einen Sternenregen.

I see a shower of stars falling from the sky.

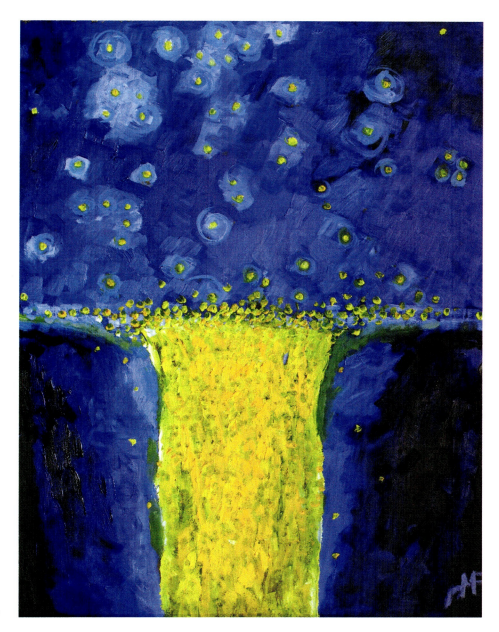

10

Die ersten Wespen habe ich noch abzuwehren versucht. Dann wurden es zuviele. Nun weiß ich, dass ich Haltung bewahren muss.

The first wasps I had tried to ward off. But then they were too many. Now I have to keep my composure, I know.

35

11

Pferd mit Schwimmflügerl vor dem Fluss.

A horse with waterwings is standing on a riverbank.

12

Ich besuche eine blinde Schlossherrin – sie fährt in den langen Gängen mit einem Sportcabrio.

I am visiting the blind lady of a castle. She is driving a sport-cabrio along the aisles.

13

Eine Frau empört mich in einem Kindergarten. Sie holt ihr Kind ab und geht einfach durch das eben gemalte Bild, ohne es zu bemerken. Sie ist sehr in Eile.

I am outraged at a woman in the Kindergarten. Picking up her child she steps through its freshly painted picture without recognizing it. She is very busy.

14

Ein Paar befördert auf der Rolltreppe sehr besorgt einen Hund im Kinderwagen. Ein Kind steht allein und ratlos mit einem Dreirad unten.

A couple is transporting a dog in a pram, coming up an escalator. A lonely child with a tricycle watches them from the bottom, rather at a loss.

Ein Paar befördert auf der Rolltreppe
sehr besorgt einen Hund im Kinderwagen.
Ein Kind steht allein und ratlos
mit einem Dreirad unten.

15

Die Gehschule von Leon und Jonas ist am Gletscher.

The crib of Leon and Jonas stands on a glacier.

Die Gehschule von Leon und Jonas ist am Gletscher.

16

Ich komme mit Mene bei einem Flohmarkt vorüber, der in und um ein altes Bad stattfindet. Auf einem Karren sind Stoffpuppen mit Glasaugen. Sie sind komisch verdreht und nehmen dadurch eine traurige Haltung ein. Sie heißen: "Auf der Flucht." Sie kosten 61 Euro.

We visit a fleamarket around an old bath. There are ragdolls with glass-eyes on a cart. They are kind of twisted and look sad. They are called "the flight" and cost 61 Euro.

17

Ich bin auf einer Abendgesellschaft. Ich habe vergessen, meine Enkel zu füttern, die mit dabei sind. Leon sagt auch schon, dass er Hunger hat. Ich sehe bei einer Gruppe am Tisch Salzstangerl stehen und frage danach. Diese Salzstangerl stellen sich als die Enden, die Griffe, einer Trage heraus, auf der eine alte Frau liegt, als das Tuch beiseite gezogen wird.

I am at a soiree. I have forgotten to feed my grandchildren, who are with me and who are hungry now. I am asking for some pretzelsticks, but these sticks turn out to be the grips of a stretcher bearing an old lady, when the cloth is pulled aside.

18

Brennendes Kind wird aus Flugzeug geworfen. Kommt mit dem Kopf auf. Lebt unerwarteterweise weiter.

A burning child has been thrown out of an aeroplane, hitting its head on the ground. Unexpectedly it lives on.

19

Ich bin in einem Krankenhaus zu Besuch. Eine Freundin hat Herzbeschwerden. Ich laufe zu einer Schwester. Die erste Schwester verweist mich an einen Pater, der in einem Keller unterrichtet und den ich nur erreichen kann, indem ich durch einen engen Schacht klettere. Eine weitere Schwester bitte ich um Tabletten für meine Freundin. Plötzlich steht ein Mädchen vor mir, das keine normalen Pupillen hat, sondern zwei senkrechte, schwarze Schlitze. Das Mädchen sagt, morgen werde die Freundin tot sein oder nicht, gleichgültig ob ich jetzt Tabletten hole oder nicht. Ich erkläre dem Kind, dass man dennoch immer versuchen sollte zu helfen. Das sei eben richtig. Dabei schaue ich fasziniert in die Augen des Mädchens.

I am visiting a friend in a hospital. She has a heart-problem. I am asking a nurse for pills. Suddenly a girl is there, who has pupils like slits. She says that this friend of mine will be dead or alive tomorrow, no matter wether I bring some pills or not. I explain to the child that one always has to try to help, it is the right thing to do. I am fascinated by these eyes all the time.

20

Wir sehen einen Riesenvogel, zuerst auf einem Baum sitzend. Beim Stehen schlagen seine Schwanzfedern ein schütteres Rad. Als er auffliegt rufe ich: "Er schaut aus wie eine fliegende Kuh!" Jemand sagt, es handelt sich hier um einen Drewer oder Drewman (Druer ausgesprochen).

We see a giant bird sitting on a tree. When it starts to fly off I cry: "It looks like a flying cow!" Somebody says: "This is a Drewer or Drewman."

21

In einem Hof sind neben angehängten Hunden ballonartige, durchscheinende Wesen, die sich bewegen, sogar hüpfen. Man erklärt mir, dass das weggeworfene, nicht weiter entwickelte Embryos sind.

In a court there are tied up dogs and some transparent "balloons", which move and even jump. Somebody explains, that these are cast off embryos that are not developped.

22

Ich entdecke ein Miniatur Baby, Kleinfinger groß, mit stecknadelgroßen Augen, in einer Kapsel. Ich sehe, daß es lebt und weiß, dass es bisher von der Kapsel ernährt worden ist. Ich gebe ihm mit dem kleinene Finger Wasser, es beginnt zu wachsen, sodass ich ihm schon bald normale Fläschchen geben kann (Kaufe Milchpulver in der Apotheke).

I discover a tiny baby, the size of a little finger, in a capsule. It is alive, and I know that it was nourished from this capsule until now. I feed it with water with my finger and it starts to grow and soon it is able to drink from a bottle.

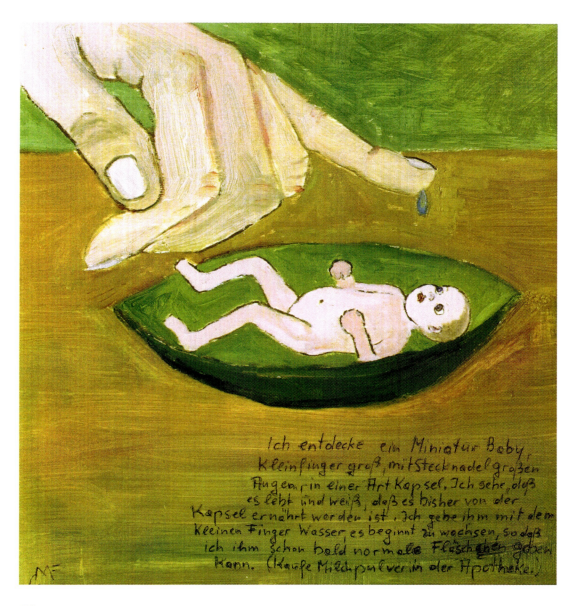

23

Eine von mir begonnene Landschaftsskizze wird vom Wind davongetragen.

My sketch of a landscape is blown away by the wind.

24

Ich komme beim Segeln in eine riesige Welle. Ich bin am Steuer. Ich rufe allen zu, sich anzuhalten. Wir kentern durch und landen in einer anderen Welt. Da ist ein Haus mit einem Wasserbecken im Innenhof. Ich gehe herum und begegne in einem Zimmer einem Gnom, der umso lebendiger wird, je mehr man ihn angreift. Ich stoße ihn bei einer Tür hinaus und bin ihn los.

I am at the helm of a sailing boat. We are getting into a huge wave. We capsize and land in another world. There is a house with a waterbasin in a courtyard. I wander around and meet a gnome in a room, who gets the more lively the more you touch him. I push him out of a door and am rid of him.

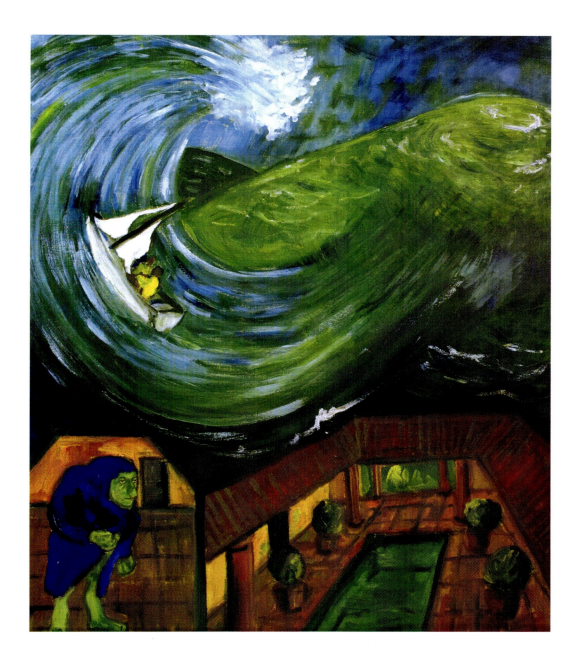

25

Ein paar andere und ich sind unsichtbar. Man versucht uns durch Konzentration zu erfühlen. Ich weiß, dass dies möglich ist und wir sehr aufpassen müssen.

Others and I are invisible. Some are trying to track us down by means of concentration. I know this is possible and that we have to be very careful.

26

Ich besuche einen berühmten Mann, der im Sterben liegt, weil sein Haus auf ihn gefallen ist. Nur sein Kopf hat überlebt und wird in einem Bett in den Park geschoben.

I am visiting a famous man, who is going to die, because his house has fallen on top of him. Only his head has survived and is pushed into the park on a bed.

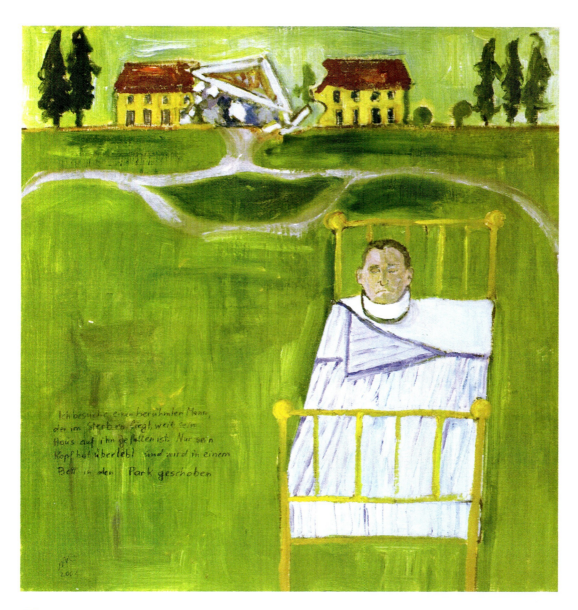

27

Halo Pilati öffnet in der Kapelle einen Sarg. Das Gerippe trägt eine Maske.

Halo Pilati opens a coffin in the chapel. The skeleton is wearing a mask.

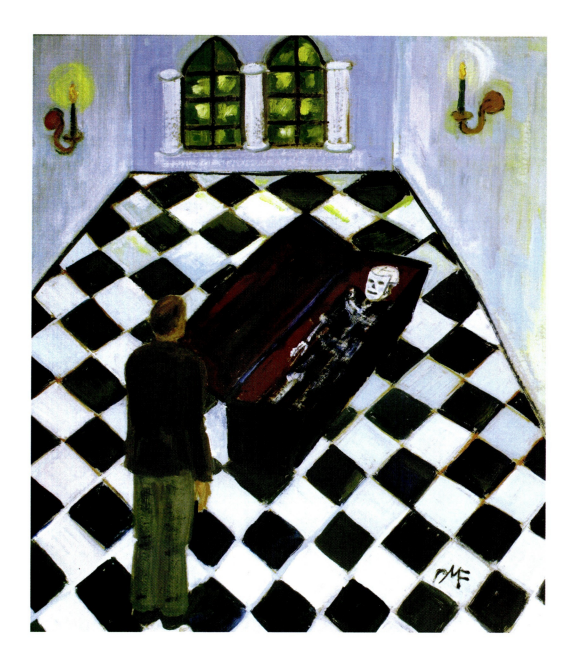

28

Wir entdecken im Wienerwald eine riesige Steinplatte, die sich als Eingang zu einer höhlenartigen Anlage, vielleicht einer Grabkammer oder einem Heiligtum entpuppt. Der Gang ist versetzt angelegt. Während Herwig mit jemandem weitergeht, tauchen plötzlich zwei Wächter auf (mit hellblauer Kniebundhose), die sie befragen. Mich befällt plötzlich eine Starre am ganzen Körper, ich kann mich keinen Schritt weiterbewegen, dabei sehe ich schon zum Zentrum: Eine runde Steinplatte am Ende des Ganges. Ich glaube, dass mich eine gefährliche Strahlung so lähmt. Es gelingt mir, mich zurückzuziehen.

We discover a huge stoneplate, which is the entrance to a cave, maybe a grave or a shrine. While Herwig and somebody else are going on, two guardians (with lightblue kneebreeches) suddenly appear and ask some questions. I am unable to move but I can see the centre: a round stoneplate at the end of the corridor. I believe that I am paralysed by a dangerous radiation. I manage to retreat.

29

Ich verweise stolz auf ein pädagogisches Experiment: „Die Kinder werden auf einen Eimer geprägt."

I am proudly demonstrating a pedagogical experiment: these children were conditioned to a bucket.

30

Auf dem Tisch eines Ehepaares sind 3 Gedecke. Das dritte ist für eine Maus.

On the table of a couple there are covers for three people.
One is for a mouse.

31

Aus der oberen Dachluke eines Hauses auf einem Marktplatz ruft ein Mann ,(es ist der Teufel, wie ich weiß, ich kenne ihn schon), ob er sich Asche auf das Haupt streuen soll. Ich war schon am Weggehen vom Platz, kehre um und schwinge den ganzen Arm und zähle mit anderen Leuten: eins, zwei, drei. Bei drei hat der Mann plötzlich ein Nylonsackerl mit Asche in der Hand und leert das Säckchen über seinen Spirallocken aus.

A man is calling out from the skylight of a house in a marketplace (he is the devil, I know him well enough) if he should put ash on his head. I was on the point of leaving, now I turn around and start to count with all other people: one, two, three! At the count of three the man empties a bag with ash over his head.

32

Mein Vater soll (obwohl er schon tot ist) seinen eigenen Sarg irgendwohin bringen. Er fährt damit auf einer Rolltreppe. Als er gegen Ende aussteigen soll, stürzt er und fällt zurück. Ich habe großes Mitleid und frage mich, wieso niemand von der Familie von diesem Unternehmen gewusst hat.

My father, despite the fact that he is dead, is to bring his coffin somewhere, using an escalator. He stumbles and falls back when he wants to leave. I am full of pity for him.

33

Es ist eine Person da, die mich auffordert mitzukommen. Ich sage instinktiv, mit aller Kraft nein. Es folgt eine Art Kräftemessen, dann beginnt sich die Person langsam aufzulösen, wobei zuerst ein Zustand der Verwesung, dann ein Todesgerippe und schließlich das Verschwinden erfolgt. Ein paarmal wiederholt sich diese Begegnung. Schließlich erkenne ich die Erscheinung einmal rechtzeitig, sie sitzt in einem Rollstuhl und ist offensichtlich auf der Suche nach mir. Ich verstecke mich, dadurch kann sie bei mir nie Kraft tanken und beginnt sich schließlich, am Boden liegend, in einiger Entfernung von mir aufzulösen. —Für immer, glaube und hoffe ich. Aber zuletzt erscheint ein Frauenantlitz, das blickt zu mir und sagt, dass sie wiederkommen.

There is a person, who asks me to come with him. Instinctively I refuse with all my power. A competition of strength follows, then the person begins to transform, first getting into a state of decay, then to dissolution. Repeatedly I meet this person. I can hide once, so he can not sap energy from me. I see him searching for me in a wheelchair, later he is lying on the floor, dissolving. I am rid of him, I think. But then the face of a woman appears out of him looking at me and saying that they will come back.

34

In einer Parterre-Wohnung wohnt Wolfram (verstorbener Freund). Ich schaue beim Fenster rein und sage ihm, dass ich zwei leere Koffer mitgebracht habe: Einen großen und einen etwas kleineren.

Wolfram (a deceased friend) lives in a flat on the ground floor. I look into the window and tell him that I have brought two empty suitcases, a large one and a smaller one.

35

In einer stallähnlichen Hütte hat ein Mann zwei Knaben mit einer Sichel geköpft.

In a stable-like hut a man has beheaded two boys with a sickle.

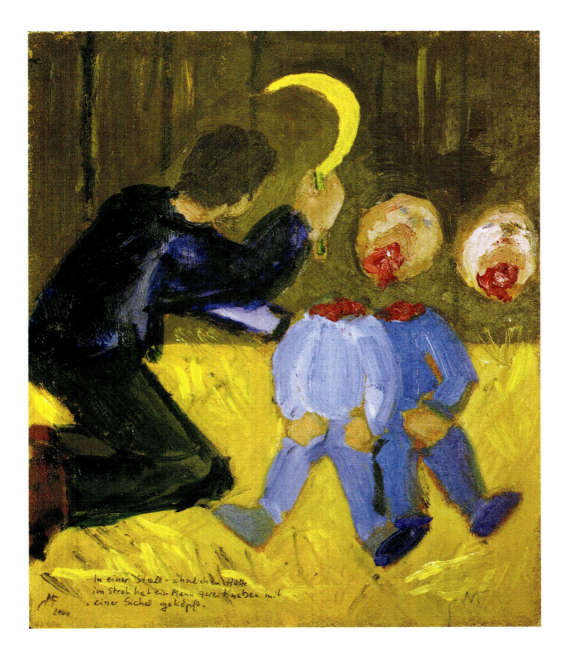

36

Ich bin mit einer Rakete irgendwo außerirdisch gelandet. Die Luft ist unglaublich gut. Es gibt eine Kultur hier. Wir machen uns auf die Suche nach einem See oder Meer. Am Strand, und das imponiert mir am meisten, gibt es riesige Bäume, die zu Sauriern geschnitzt sind und auch einen Brunnen mit Saurier- und kleinen, beweglichen Schildkröten-Skulpturen, die zum Teil Musik machen.

I have landed with a rocket in an extraterrestrial world. The air is marvellous. There is a culture. We are searching for a lake or a sea. On the shore there are huge trees in the shape of dinosaurs and there is a fountain with sculptures of dinosaurs and moveable turtles, making music.

37

Ich bin mit meinem Schiff an Land geraten. Ein Mann fischt in einem Wasserloch.

I happen to come on land with my ship. A man is fishing in a waterhole.

38

Am Bahnhof: Ein Mann zerhackt einer Frau das Bein. Er eilt davon. Ich beobachte interessiert, dass ein Beinstumpf aufrecht auf einem Stöckelschuh stehenbleibt. Bauschutt liegt herum.

On a railwaystation: a man chops up one leg of a woman and runs away. I watch with interest that the stump of a leg stands upright in its stiletto-heeled shoe.

39

Ich möchte in eine Zwetschke beißen. Plötzlich sitzt in einem Papiersack ein hamsterähnliches Tier.

I want to bite into a plum. Suddenly a hamsterlike animal is sitting in the bag.

40

Leon steht unter einem verfallenen Torbogen. Hinter ihm taucht aus einer Ruine eine Riesenschlange auf. Ich rufe ihm zu, er soll davonlaufen. Die Schlange bewegt sich indessen zu seiner Schulter hin, Maul offen. Leon dreht sich um und streichelt sie ganz ruhig und sicher, worauf sie sich friedlich zurückzieht.

Leon is standing under a decayed archway. Behind him a huge snake appears out of a ruin. I cry out to Leon that he should run away from the snake, which is coming closer, mouth ajar. Leon turns around and calmly caresses the snake. The snake withdraws peacefully.

41

„Wenn einen die Habichtwolken niederdrücken."

"When you are pressed down by hawk-clouds."

42

Ich lebe auf einer griechischen Insel. Es steht eine Mongolen-Invasion bevor. Während viele Menschen sich an die Küste hinkauern, gehe ich zusammen mit einem Großvater und einem Kind in die Berge zu einem Kloster und von dort in die Wildnis, um mich zu verstecken. Einmal blicken wir zurück und sehen Frauen am Strand und sagen: "Das sind die leichten Mädchen."

I am living on a greek island. There will be an invasion of mongols. While many people are cowering down at the beach, I am walking with a grandfather and a child to the mountains into a monastery to hide there. Looking back we see some women. These are tarts, we say.

43

Edith sitzt auf einem Sessel im Zimmer. Überall am Boden liegen Augäpfel herum.

Edith is sitting on a chair in a room. Eyeballs are all over the floor.

44

Ich beobachte auf einem Baum Menschen, die sich von oben nach unten fallen lassen, sich in der Luft drehen, schweben. Ich erfahre, dass das Angehörige einer Sekte sind, die schweben gelernt haben. Zuletzt sehe ich einen Vater mit kleinem Kind, der auf einen Baum klettert, das Kind auf einen Ast hängt, dann herabschwebt. Es wird ihm zugerufen, sich nicht um das Kind zu kümmern, es passiere ihm nichts. Der Vater geht weg, das Kind fällt herab, auf den Kopf und ist tot. Ich finde den Vater unverzeihlich leichtgläubig und blöd.

I am watching people floating up and down on a tree, turning around and floating in the air. I learn that they belong to a sect. Eventually I see a father hanging a little child on a branch. Then he is told that he should leave, nothing will happen to the child. The man goes away, the child falls down and is dead. I find this father extremely naive and stupid.

45

Zwei Schwäne landen mit brennenden Hälsen im See. Enten steigen auf, um sie anzugreifen.

Two swans land on a lake with burning necks. Ducks are rising up to attack them.

46

Ich komme bei einem Ball dazu, mit dem Tod zu tanzen. Seltsamerweise erschrecke ich nicht, sondern drehe mich in einem wilden Walzer, sodass sogar der Tod lachen muss.

I happen to dance with the Death at a ball. Strangely enough I am not afraid, but I am waltzing around so impetuously that even the Death is forced to laugh.